COURTES OBSERVATIONS

SUR LE

RAPPORT FAIT A L'ASSEMBLÉE NATIONALE PAR M. CRÉMIEUX
AU NOM DE LA COMMISSION CHARGÉE DE L'EXAMEN
DU PROJET DE DÉCRET RELATIF A

L'INDEMNITÉ A PAYER AUX COLONS,

PAR SUITE DE

L'AFFRANCHISSEMENT DES ESCLAVES,

PAR M. A. PECOUL.

*

———————

PARIS,

IMPRIMERIE DE GUIRAUDET ET JOUAUST,

RUE SAINT-HONORÉ, 315.

—

1848

COURTES OBSERVATIONS

SUR LE

RAPPORT FAIT A L'ASSEMBLÉE NATIONALE PAR M. CRÉMIEUX
AU NOM DE LA COMMISSION CHARGÉE DE L'EXAMEN
DU PROJET DE DÉCRET RELATIF A

L'INDEMNITÉ A PAYER AUX COLONS,

PAR SUITE DE

L'AFFRANCHISSEMENT DES ESCLAVES.

La commission s'est posé les questions suivantes :

1° Le décret du 4 mars (1), qui reconnaît aux colons un droit à l'indemnité, a-t-il une base légale ?

2° Comment fixera-t-on l'indemnité ?

3° Quelle sera la somme de l'indemnité, et comment sera-t-elle acquittée par l'État ?

4° Comment sera-t-elle distribuée entre les diverses colonies ?

Sur la première question, après avoir en termes énergiques flétri l'institution de l'esclavage, la commission est amenée à reconnaître pourtant que c'est « en vain que la raison et le juste orgueil de » l'homme se révoltent, puisqu'il est incontestable que les lois fran- » çaises avaient conféré un droit de propriété spéciale au colon sur » le nègre; *que le nègre était devenu la propriété légale du colon.* »

« Au reste, dit-elle, cette propriété de l'homme sur l'homme

---

(1) Il y a là une erreur de date. Le décret du 4 mars, après avoir pro-clamé que *nulle terre française ne pouvait plus porter d'esclaves,* se bor-nait à instituer une commission pour préparer l'acte d'abolition de l'escla-vage. C'est un des décrets du 27 avril qui remet à l'Assemblée nationale le soin de régler l'indemnité.

» s'était établie dans les mœurs publiques de toutes les nations. »

La conséquence de ces prémisses, c'est que, si l'avénement de la République ne permettait plus de maintenir une institution incompatible avec les nouveaux principes qu'on venait de proclamer, on ne peut, sans manquer à la foi publique, méconnaître les obligations qui résultent pour l'État de cette satisfaction donnée aux sentiments nationaux. « Proclamer en même temps le droit à la liberté » pour l'esclave, pour le maître le droit à l'indemnité : tel était le » le double devoir du gouvernement provisoire. Il l'a rempli. »

« Ce droit, dit encore le rapport, nous le voyons inscrit, accepté » chez tous les peuples qui ont aboli l'esclavage. Disons-le donc » sans hésitation, il y a pour le colon un droit à une indemnité.

Mais, aussitôt après une reconnaissance aussi formelle de ce droit, le rapport s'empresse de l'atténuer en alléguant « que ce » n'est point un droit absolu; que la France n'est pas tenue, comme » l'Angleterre, d'accorder pour indemnité la valeur même de l'es- » clave; qu'il n'y a lieu, enfin, de donner que ce qu'il nomme une » indemnité relative ; »

C'est-à-dire une indemnité incomplète, une indemnité arbitraire.

Ce n'est plus dès lors une indemnité. En concédant le mot vous avez supprimé ou du moins dénaturé la chose. Vous vous êtes plus préoccupés des intérêts du trésor que de la justice de la réclamation; le débiteur, à votre insu, s'est substitué au juge. Sous le nom d'indemnité, ce n'est plus qu'une subvention, qu'un secours que vous accordez.

A Dieu ne plaise que nous cherchions à incriminer les intentions et la loyauté de la commission ! Nous ne mettons en doute ni sa bienveillance, ni son désir d'être juste ; nous savons quelle scrupuleuse attention elle a apportée dans ses investigations, et nous serions plutôt tenté de croire que la timidité de ses conclusions ne provient que de la crainte d'effaroucher l'Assemblée, en lui présentant un chiffre aussi élevé que celui qui revient réellement aux colons. S'il en était ainsi, elle se serait résignée à n'être juste qu'à demi pour empêcher que d'autres soient tout à fait injustes.

Cette crainte nous paraît sans fondement, et la transaction qu'elle aurait suggérée pourrait compromettre les intérêts des colons; elle irait contre le but même qu'on se serait proposé.

En effet, on aurait tort de se défier des dispositions de l'Assemblée nationale. Rien, dans ses actes, n'autorise à croire que, si le droit des colons lui était nettement exposé et démontré, elle reculât devant le devoir qui en résulte pour elle. Cette question n'ayant été étudiée par personne dans son sein, il peut y exister à ce sujet une ignorance générale et des préventions. La répugnance naturelle qu'inspire l'esclavage peut, faute de réflexion, rejaillir sur la réclamation de l'indemnité, et persuader à plusieurs de très bonne foi qu'indemniser les anciens maîtres serait une sorte de légitimation posthume de l'esclavage. Mais cette erreur et ces préventions se dissiperont d'autant plus facilement, que les hommes investis de la confiance de l'Assemblée craindront moins de lui dire ce qui en est, de lui représenter dans toute sa rigueur et dans toute son étendue le droit qu'ils auront reconnu aux colons. Agir autrement, aborder timidement la discussion, sacrifier à l'avance une partie du droit pour faire accepter ce qu'on en laisse, serait tout à la fois, à notre avis, injurieux pour l'Assemblée, qui ne demande qu'à être éclairée, et dont la justice serait ainsi suspectée; périlleux pour les colons dont le droit, soumis à de pareilles restrictions, laisserait une latitude effrayante à l'arbitraire dans la fixation de l'indemnité.

Les grandes assemblées, d'ailleurs, quelle que soit leur composition, participent toujours beaucoup de la nature du peuple. Si elles en ont les défauts, elles en ont aussi les qualités. Pris individuellement, chacun des membres d'une réunion nombreuse ne possédât-il qu'à un très faible degré le sens du juste et de l'injuste, fût-il profondément égoïste et dépourvu d'esprit public, on verrait les mêmes hommes réunis obéir à des impulsions généreuses et subordonner l'utile à l'honnête, pour peu qu'une bouche éloquente sût faire briller la vérité à leurs yeux et parler à leurs cœurs avec cet accent d'une conscience convaincue qui a sa contagion et une puissance irrésistible. C'est là un rôle digne des Berryer, des Lamartine, des Thiers, des Barrot des Montalembert, de tous ces orateurs dont la parole est en possession de captiver nos assemblées législatives.

Mais examinons les motifs que donne la commission pour prononcer que le droit des colons français n'est pas un droit absolu.

« Quand en Angleterre, en 1792, dit-elle, on parla pour la pre-
» mière fois de l'abolition, aucune loi n'avait contesté le droit du

» maître. Abolir l'esclavage c'était, pour les Anglais, racheter l'es-
»(clave. L'esclavage dans les colonies anglaises n'avait subi au-
» cune altération par la loi. Deux siècles l'avaient consacré comme
» droit, et cette possession deux fois séculaire, nul n'aurait osé l'a-
» bolir, il fallait la racheter. *Tel, on peut dire, était en* 1789, *le droit*
» *des colons français.*

» Mais en 1793 il fut frappé d'abolition. Un décret souverain
» brisa le droit légal du maître en proclamant le droit naturel de
» l'esclave. Pendant dix ans ce décret fut la loi de tous (1).

» Alors un arrêté consulaire que l'histoire a jugé, mais auquel
» la constitution de l'an VIII donnait force de loi, rétablit l'escla-
» vage dans nos colonies. *La Convention avait violé un droit légal en*
»*n'accordant pas l'indemnité,* l'arrêté consulaire violait le droit na-
» turel en remettant l'homme sous la puissance de l'homme. »

Ainsi on reconnaît qu'avant le décret de 1793 le droit des colons
français était, à l'égal de celui des colons anglais, sacré et inviolable; qu'il ne pouvait être aboli que par le rachat, et qu'en n'in-
demnisant pas les colons, la Convention avait commis un abus de
pouvoir, une spoliation (2)·

Cela admis, supposons un instant que l'esclavage n'eût pas été
rétabli postérieurement. De bonne foi, contestera-t-on , après un
pareil aveu, que les colons eussent été fondés à s'adresser au premier gouvernement régulier qui succédait à la tempête révo-
lutionnaire, et à dire à ce gouvernement : « Nous avions un droit
» légal bien établi, qui ne pouvait être aboli sans que la valeur nous
» en fût payée. On nous en a dépouillés, nous réclamons notre in-
» demnité? »

Certes, on ne leur eût pas répondu à cette époque, comme le
voudraient aujourd'hui quelques uns : « Les révolutions liquident
» elles-mêmes leurs comptes, le Consulat n'est pas solidaire de la

(1) Ce décret ne reçut d'exécution ni à la Martinique, qui était tombée
au pouvoir des Anglais, ni à la Réunion et à l'Ile-de-France, qui, tout en
restant françaises , avaient repoussé les commissaires de la Convention , et
se gouvernèrent elles-mêmes jusqu'au traité d'Amiens.

(2) *La Convention vous avait volés.* Ce sont les propres termes dont
s'est servi le savant rapporteur en nous parlant à nous-mêmes, il y a quelque temps , chez lui.

» Convention. » Tels n'étaient pas les principes qui régnaient alors ; le gouvernement se posait, au contraire, en réparateur de toutes les injustices.

Plus tard, lorsqu'un milliard était distribué aux émigrés pour leur tenir lieu des propriétés confisquées dans le cours de la Révolution, eût-on pu encore repousser la réclamation des colons ?

Mais cette réclamation, ils n'eurent pas à la faire, puisqu'un des premiers soins du gouvernement de leur métropole, après la signature du traité de paix du 6 germinal an X, avait été de les réintégrer dans la jouissance de leurs anciens droits, *tels qu'ils étaient établis par les lois et règlements en vigueur avant* 1789. Et l'acte par lequel cette réintégration a eu lieu n'est pas, comme l'énonce le savant rapporteur, « *un arrêté consulaire auquel la constitution de* » *l'an VIII donnait force de loi* », mais bien un décret du corps législatif rendu selon les formes tracées par la constitution, et promulgué comme loi de l'Etat par un arrêté du 1er consul (1).

C'est donc un argument sans valeur que celui qu'on puise dans le décret de la Convention ; argument, dans tous les cas, indigne de la majesté d'une grande assemblée. Ce décret n'avait reçu d'exécution que dans deux de nos colonies, et il ne pouvait enlever aux colons le droit de réclamer une juste et loyale indemnité, puisqu'on

(1) Loi relative à la traite des noirs et au régime des colonies.

Du 10 prairial an X (30 mai 1802).

Au nom du peuple français, Bonaparte, premier consul, proclame loi de la République le décret suivant, rendu par le corps législatif le 30 floréal an X, conformément à la proposition faite par le gouvernement le 27 dudit mois, communiquée au tribunat le même jour.

DÉCRET.

Art. 1er. Dans les colonies restituées à la France en exécution du traité d'Amiens du 6 germinal an X, l'esclavage sera maintenu *conformément aux lois et règlements antérieurs de* 1789.

Art. 2. Il en sera de même dans les autres colonies françaises au delà du cap de Bonne-Espérance.

Art. 3. La traite des noirs et leur importation dans lesdites colonies auront lieu conformément aux lois et règlements existants avant ladite époque de 1789.

Art. 4. Nonobstant toutes lois antérieures, le régime des colonies es

reconnaît qu'en affranchissant sans indemniser, la Convention avait commis une spoliation. Il a de plus été abrogé par une loi postérieure, qui remettait en vigueur toute la législation antérieure à 1789 et replaçait les colons dans cette situation où, selon les termes du rapport, leur propriété était de celles que nul n'aurait « osé » abolir, qu'il fallait nécessairement racheter. »

On s'étonne qu'il ait été fait état d'un pareil argument dans le même rapport où se lit ce qui suit :

« Citoyens, le décret de 1803 ouvrit aux colons une ère nouvelle. » Pendant toute la durée de l'empire, la loi rendit à la traite son » cours, aux négriers leur fortune, aux colons leur propriété hu- » maine. La Restauration réclama de ses alliés, pour cinq années » encore, l'exercice de la traite en faveur de toutes nos colonies. » L'esclavage légal s'est continué ainsi pendant près d'un demi- » siécle, souvent attaqué par la philosophie, *toujours maintenu par* » *la loi.* »

C'est la loi qui l'avait établi en 1685 : c'est la loi qui, en 1802, le rétablissait. N'avions-nous pas raison de dire que ce droit a autant de force aujourd'hui qu'on lui en reconnaissait en 1789 ?

Comment prétendre, après de tels aveux, que les Colons n'ont plus un droit absolu à l'indemnité ?

« Mais, dit la commission, on marchait vers l'émancipation. En » 1816 (1) les hommes de couleur obtinrent une partie de leurs

soumis, pendant dix ans, aux règlements qui seraient faits par le gouvernement.

Collationné à l'original par nous, président et secrétaires du Corps législatif, à Paris, le 30 floréal an X de la République française.

Signé RABAUT le jeune, *président.*

THIRY, BERGIER, TUPINIER, RIGAL, *secrétaires.*

Soit la présente loi revêtue du sceau de l'Etat, insérée au bulletin des lois, inscrite dans les registres des autorités judiciaires, et le ministre de la justice chargé d'en surveiller la publication.

Signé BONAPARTE.

Par le premier consul :

Le secrétaire d'état, N.-B. MARET.

(1) Il y a ici une erreur de date. Ce n'est qu'en 1830 que les lois et règlements qui privaient la population de couleur de tous les droits politi-

» droits. En 1821 la traite fut supprimée, bientôt poursuivie ; la
» loi de 1831 l'abolit complétement ; le régime de l'esclavage ten-
» dait à sa ruine ; la loi de 1845 lui porta la plus rude atteinte : elle
» prédisait l'émancipation. Ajoutez qu'à côté de l'esclave de nos
» colonies vivait dans la liberté l'ancien esclave des colonies an-
» glaises ; les évasions se multipliaient, le pouvoir du maître allait
» s'affaiblissant ; la crainte du châtiment diminuait par la loi
» même qui en prescrivait l'adoucissement et l'abandon. Non ! la
» propriété de nos colons n'était plus appuyée par les anciennes
» lois qui l'avaient si fortement encouragée ; elle se tenait encore
» debout, soutenue par la législation de 1803, que nos lois nou-
» velles minaient chaque jour ; luttant contre les mœurs du siècle,
» qui la rendaient de plus en plus impossible. *Propriété réelle,*
» mais difficile, mais dangereuse ; qui devait s'évanouir à l'instant
» même où la proclamation de la République briserait la chaîne
» de la servitude en prenant la fraternité pour symbole.

» C'est là, citoyens, le droit que nous rachetons. Nul ne pourra
» dire que nous devons aux colons le prix de l'esclave, c'est-à-
» dire près de 300 millions, ou, tout au moins, 240 millions, si
» on retranche les enfants et les vieillards. »

Il ne sera pas difficile de montrer le vice de cette argumen-
tation.

En effet, la réhabilitation des hommes de couleur, la suppres-
sion de la traite, l'affranchissement opéré dans les colonies an-
laises, certaines restrictions apportées à l'autorité des maîtres, la
concession même de droits civils à l'esclave : toutes ces mesures,
successivement prises de 1817 à 1845, devaient, sans doute, faire
comprendre aux moins clairvoyants que chaque jour l'esclavage
cessait d'être en harmonie avec l'état des esprits, que le moment
approchait où le législateur serait contraint d'y mettre un terme ;
mais il n'y avait dans tout cela rien qui portât atteinte au droit
qu'avaient les colons, dans ce cas, à une indemnité.

L'Angleterre, en émancipant, avait indemnisé ; chaque fois que
les organes du gouvernement parlaient d'abolition de l'esclavage,

ques et d'une partie des droits civils furent rapportés. Voir, pour la Martinique, l'arrêté du gouverneur Dupotet en date du 12 novembre 1830.

ils s'empressaient d'assurer invariablement qu'elle n'aurait lieu *qu'en respectant les droits acquis*; c'était la phrase consacrée (1). Une juste et préalable indemnité était promise; chacune de leurs manifestations était une nouvelle reconnaissance du droit à l'indemnité; et cette loi de juillet 1845, elle-même, qui était, en réalité, la première mesure législative ayant pour objet de miner l'institution, que faisait-elle autre chose que rendre hommage à ce droit, et le consacrer avec solennité *en concédant à l'esclave le droit de se racheter*, et en allouant au budget une somme annuelle pour aider à cette fin ceux des esclaves qui se recommanderaient par leur bonne conduite? Comment serait-on recevable à invoquer contre le droit à l'indemnité une loi qui précisément disposait que l'esclave pourrait recouvrer sa liberté à prix débattu avec son maître, devant une commission arbitrale spécialement chargée de cette estimation? Evidemment, cette loi, si elle tendait à amortir l'esclavage, reconnaissait, de la manière la plus éclatante, qu'il ne pouvait s'amortir qu'en se rachetant.

« *Propriété réelle*, dites-vous, mais difficile, mais dangereuse, » et qui devait s'évanouir à l'instant même de la proclamation de » la République. »

Difficile et dangereuse, on peut discuter là dessus; mais, au bout du compte, qu'importe si cette propriété était *réelle*, et si, à ce titre, on ne pouvait en dépouiller les détenteurs qu'à la charge d'une juste indemnité?

Le gouvernement de la République, jugeant le maintien de cette propriété incompatible avec ses principes, l'a abolie; mais le recours contre l'Etat pour le remboursement du capital intégral que, sur la garantie des lois du pays, ils avaient engagé dans cette nature de propriété, ne saurait être contesté aux colons. Or, l'évaluation de ce capital n'aura jamais qu'une base juste et vraie, c'est la valeur vénale des esclaves. Celle-là est imposée par la justice et la bonne foi. L'Assemblée nationale, se souvenant du mot célèbre d'un de nos rois, voudra qu'on dise que, si les vertus étaient bannies du reste de la terre, elles trouveraient encore un asile dans

____

(1) Cette phrase se retrouve encore dans la dépêche de **M. Arago**, du 29 février dernier, qui annonçait aux colonies l'établissement de la République et un prochain affranchissement général.

le cœur des représentants de la France. Dans un moment où la société s'alarme des attaques dirigées contre le principe même de la propriété, l'Assemblée ne voudra pas ouvrir une brèche à ses ennemis en leur sacrifiant ce droit, parce que, dans l'espèce, l'application qui en était faite serait devenue odieuse. Une étroite solidarité le lie aux autres droits de propriété, et ce n'est pas impunément qu'on en consentirait la violation. L'histoire ne fournit que trop d'exemples de la vérité de cette assertion.

Concluons d onc de tout ce qui précède que le droit des colons à une complète indemnité est un droit rigoureux et absolu; que leur propriété, ainsi que le disait M. de Lamartine, est aussi sacrée, aussi inviolable, que celle d'un champ.

DEUXIÈME ET TROISIÈME QUESTIONS.

Comment fixera-t-on l'indemnité?
Quelle sera la somme de l'indemnité?
Comment sera-t-elle acquittée par l'État?

La commission annonce l'intention de « pourvoir, d'une part,
» à l'*indemnité de dépossession*; et, d'autre part, à la différence qui
» va s'établir entre le prix nouveau du travail libre et l'ancien
» prix du travail esclave. »

C'est vouloir indemniser tout à la fois du dommage direct et du dommage indirect. Rien de plus juste, rien de plus louable.

Mais la commission a-t-elle tenu ce qu'elle promet? Elle est malheureusement demeurée bien au dessous de son programme. Son projet ne satisfait ni *à la justice*, ni à l'*utilité* qu'elle a pourtant déclaré prendre pour bases de son travail.

Il ne satisfait pas à la justice, parce que, de son propre aveu, il n'accorde pas aux colons même la moitié de la valeur qui leur a été enlevée (1); même la somme de 150 millions qui avait été proposée au gouvernement provisoire par deux de ses membres,

---

(1) 248,560 esclaves, dont la valeur moyenne, valeur assez modérée, était de 1,085 fr. Somme totale 269,688,200 fr.

Calcul fait par la commission spéciale nommée, après la révolution de Février, pour préparer le projet de décret sur l'indemnité. Président, M. Roger (du Loiret).

MM. de Lamartine et Crémieux (1). Il blesse tout principe de justice en imposant aux indemnitaires un certain emploi de l'argent qui leur sera compté, alors même qu'il serait reconnu que cet emploi doit être ruineux pour eux ; en les contraignant à devenir actionnaires d'établissements de crédit dont le succès est au moins problématique ; en privant les créanciers des colons d'une forte partie du gage sur lequel ils avaient cru pouvoir prêter.

Ce projet ne satisfait pas davantage à l'utilité, parce que, le chiffre de l'indemnité étant insuffisant, les cultures ne se relèveront qu'imparfaitement, les produits décroîtront rapidement, les expéditions commerciales se réduiront dans la même proportion, la navigation et l'industrie nationale en recevront des atteintes profondes, la population européenne abandonnera des établissements où ses labeurs ne trouveront plus de rémunération ; les noirs, livrés à leur indolence native, privés de l'émulation qu'y créait le spectacle de l'activité des blancs, retomberont dans la barbarie africaine, et la France, au remords d'avoir commis une spoliation, ajouterait le regret poignant d'avoir, sans profit pour personne, ruiné ses colonies, détruit une source importante de richesses pour son commerce, compromis sa puissance navale.

Tels sont les résultats qu'aurait infailliblement, s'il était adopté, le projet de la commission, aussi bien que celui du gouvernement, nonobstant les 30,000,000 qu'elle propose d'ajouter au chiffre de 90,000,000 offert par ce dernier.

Discutons ses motifs.

La commission exprime par deux fois le regret de n'avoir pu obtenir l'assentiment du ministre des finances pour la fixation de l'indemnité en une rente de 6,000,000.

Il est certain que, toutes réserves faites quant à la quotité, ce mode serait de beaucoup préférable à la prestation d'un capital, puisqu'il allège infiniment le fardeau de la dette dans un moment où le trésor éprouve des embarras extrêmes, et permet d'attendre des temps plus prospères pour aviser à la libération définitive. C'est le plus propre à concilier les intérêts du trésor, ceux des contribuables et ceux des colons. Toutefois, en fixant une rente, faudrait-il ne pas perdre de vue que le cours des effets publics est actuellement

(1) Voir page 21 du rapport.

à 30 p. 0[0 au-dessous du pair, et que ceux des colons qui auront besoin de réaliser tout ou partie de leur indemnité, soit pour relever leurs bâtiments d'exploitation après un ouragan (1) ou un in-incendie, soit pour suppléer par des machines et des appareils perfectionnés au renchérissement de la main-d'œuvre, supporteront une perte considérable en réalisant.

La commission propose de ne rendre exigible que le 22 mars 1850 le premier semestre de la rente de 2,000,000 qu'elle ajoute au capital de 80 millions. Pourquoi cela? Est-ce parce qu'on suppose qu'il faudra plus d'un an pour que les ayant-droit aient fait les justifications nécessaires? Serait-il juste d'ajouter encore cette nouvelle perte à toutes celles dont tout le monde reconnaît que les malheureux colons ne seront jamais indemnisés que très imparfaitement? Ne semble-t-il pas qu'une fois l'indemnité admise comme principe et comme droit, la rente devrait plutôt remonter au jour même de la dépossession, et leur être acquise à partir de ce jour? Ils ne toucheront, sans doute, que lorsqu'ils auront justifié, mais l'Etat ne bénéficierait pas de ce délai à leur détriment. Or, comme l'époque de l'affranchissement n'a pas été la même dans toutes les colonies; qu'il a eu lieu à la fin du mois de mai à la Guadeloupe et à la Martinique, en août à la Guyane, et un peu plus tard à la Réunion, il conviendrait de prendre une époque moyenne, de faire, par exemple, courir la rente du 22 septembre 1848. C'est déjà une cruelle aggravation du sort des colons que cette privation depuis plusieurs mois ou du travail gratuit de leurs esclaves ou de la jouissance de l'indemnité qui doit leur en tenir lieu. Ira-t-on les frustrer encore de ces arrérages de près de dix-huit mois? Mais, dit-on, le ministre des finances s'oppose inflexiblement à toute nouvelle émission de rentes, objectant l'état de la place et la dépréciation des fonds publics, qui le lui interdisent. Quelques millions de rente, substitués à une dette en capital, pourraient-ils désorganiser le budget? C'est au bon sens public à répondre. Considérez encore que c'est dans la première année surtout que cette indemnité sera nécessaire pour prévenir le désespoir des colons, arrêter

____

(1) Un violent ouragan a rasé un grand nombre d'habitations en août dernier à la Guadeloupe et à la Désirade.

l'émigration, sauver les cultures et empêcher les noirs de s'aban-
donner à l'oisiveté et aux vices que l'oisiveté développe.

Que dire de ce mode de paiement par annuités, mais sans intérêts, auquel la commission a adhéré? Comment! avec une somme
annuelle qui ne serait même pas égale aux intérêts du capital qui
leur a été enlevé, l'Etat se libérerait définitivement en dix ans envers les colons! Ce seul énoncé ne suffit-il pas pour faire ressortir
l'injustice de la proposition? Pourra-t-on voir là *un chiffre d'équité* (1)!

« La commission et le gouvernement sont d'accord, dit le rap-
» port, sur les deux bases de l'indemnité : justice, utilité. Ces
» *deux bases, ne reposant pas sur un droit absolu, permettent de recher-*
» *cher ce qui est le plus équitable* (2) ».

C'est-à-dire permettent de rechercher plutôt ce qui atténuera les
charges du trésor que ce qui serait conforme aux prescriptions de
la justice. Les mots justice, équité, doivent cesser de figurer en
tête de pareils projets; car la commission elle-même ne dissimule
pas que la somme qu'elle offre restera fort au dessous du dommage
subi par les colons, et elle n'a pas réussi certainement à démontrer
que leur droit n'est pas un droit absolu qui exclut toute transaction arbitraire.

Les colons comprennent, comme tout le monde, qu'il est maté-
riellement impossible en ce moment que l'État leur paie la totalité
de ce qui leur revient; aussi n'ont-ils jamais élevé de semblables

(1) Rapport, page 19. — Quand ordinairement on oppose l'équité à la
justice, c'est pour faire accepter un peu de générosité, mais le rapport ne
procède pas ainsi.

(2) La commission présidée par M. de Broglie ne proposait pas, comme
le dit M. Crémieux, de donner 150 millions et cinq années de travail, après
avoir évalué à 300 millions la somme due aux colons. Elle proposait d'in-
scrire au capital de 150 millions une rente de 6 millions, qui, capitalisée
à chaque semestre par les soins de la caisse des dépôts et consignations,
devait, à l'expiration du terme de dix ans fixé pour l'émancipation, former
une somme suffisante pour représenter la valeur des esclaves existant à
cette époque, les rachats individuels ayant, durant cette période, réduit le
nombre total des esclaves.

Voir le rapport de la commission de Broglie, p. 366, art. 28 du projet.

prétentions. Évaluez avec exactitude ce que nous avons perdu, disent-ils, et si vous ne croyez pas pouvoir, ce qui serait préférable pour tous, convertir en une rente le capital de notre indemnité, donnez-nous immédiatement ce qu'il vous est possible de donner, en échelonnant sur l'avenir le paiement du solde; mais vous ne sauriez, sans une criante injustice, vous libérer complétement envers nous avec moins de la moitié du capital que nous avons perdu, capital que nous n'avions placé en acquisitions de nègres que parce que vos lois nous y avaient excités et encouragés.

La commission persiste à retrancher de l'indemnité, comme le projet du gouvernement, les vieillards et les enfants de la population servile; les premiers, parce qu'ils n'étaient qu'une charge; les seconds, parce qu'ils ne donnaient aucun produit.

Il n'est pas exact de dire que les esclaves de 60 ans n'étaient qu'une charge. A cet âge, et pendant plusieurs années encore, dans ces doux climats, l'homme et la femme peuvent rendre et rendaient beaucoup de services. Quant aux enfants au dessous de six ans, s'ils n'étaient, en effet, d'aucune utilité, ce n'était pas une raison de les exclure de l'indemnité. Dans une précédente publication, nous avons expliqué que l'enfant avait coûté à son maître avant même sa naissance, puisque la mère, dès le troisième mois de sa grossesse, cesssait de travailler pour ne recommencer que six semaines après l'accouchement; qué pendant l'allaitement, qui durait dix-huit-mois, elle était dispensée de plusieurs heures de travail chaque jour; qu'à ces pertes pour le maître, il fallait encore ajouter les gratifications en argent accordées à la mère et à la sage-femme le jour du baptême, les diverses douceurs concédées à la nourrice, et la demi-ration qu'elle prenait pour son enfant, avant même que ce dernier pût la consommer lui-même. Il existait, en outre, une foule de petites dépenses que les maîtres faisaient à l'envi les uns des autres pour encourager la population. On s'y livrait volontiers, on mettait de l'amour-propre à pouvoir dire qu'on avait eu dans l'année un plus grand nombre de naissances que ses voisins. C'était aussi une avance dont on espérait se récupérer plus tard, en obtenant une population forte, intelligente, dévouée, et préférable, par ces qualités, aux adultes étrangers qu'on aurait pu acheter. Il était généralement reçu qu'un noir né et élevé sur l'habitation avait plus coûté en réalité que sa valeur vénale, mais on n'hésitait pas. Ces calculs rigoureux de doit et avoir ont toujours été antipathiques au caractère créole.

Retrancher les enfants serait donc une mesure que rien ne justifierait ; elle frapperait précisément ceux des colons qui auraient le mieux mérité de l'humanité par les soins qu'ils auraient pris et les sacrifices qu'ils auraient faits pour augmenter le bien-être de leurs noirs et favoriser la population. Le motif donné pour leur exclusion plaiderait donc, au contraire, pour leur admission, car ils avaient coûté jusque là sans rien rapporter, et ils allaient commencer à rendre des services (1).

Il nous reste à discuter cette disposition exorbitante de l'article 6 des deux projets, en vertu de laquelle les deux tiers de l'indemnité, déclarés incessibles et insaisissables, devraient être exclusivement employés en salaires ou en améliorations d'usines et d'instruments d'agriculture, sous la surveillance des autorités coloniales chargées de constater la réalité de cet emploi.

S'il est surabondamment démontré qu'en payant l'indemnité l'État acquitte une dette, il devient inutile d'insister sur ce qu'aurait d'inique et d'odieux cette restriction au droit qu'a l'indemnitaire de faire de la somme qu'il reçoit l'emploi qui lui convient le mieux.

Mais oublions pour un moment qu'il en est ainsi, et voyons ce qui ne peut manquer d'arriver si cette disposition est accueillie par l'Assemblée.

En général, le propriétaire aura plus besoin de ses cultivateurs que ceux-ci n'auront besoin de lui. C'est ce qui a eu lieu dans les colonies anglaises et c'est ce qui se reproduira infailliblement dans les nôtres. Ceux-là le comprennent sans peine qui savent combien peu le noir a de besoins et avec quelle facilité il les satisfait dans des climats où la nature convie l'homme à la paresse par l'abondance des productions alimentaires qu'elle lui offre spontanément. Les exigences du travailleur seront donc fort grandes, parce qu'il sentira qu'on ne peut se passer de lui, et il faudra le plus sou-

____

(1) La commission présidée par M. de Broglie estimait à 500 fr. un enfant de sept ans. Ces enfants ont une valeur, disait-elle, parce qu'ils ont un avenir.

Voir le rapport de cette commission, page 568, art. 4 du projet.

vent que le propriétaire se montre très indulgent sur la qualité aussi bien que sur la quotité du travail fourni en échange du salaire.

Il est donc certain que, du moins, pendant plusieurs années et jusqu'à ce qu'on soit parvenu, si cela est possible, à établir des rapports raisonnables entre le salaire et le travail, la main-d'œuvre ne s'obtiendra qu'à un taux désavantageux. Le noir, en apprenant l'obligation imposée au propriétaire, ne sera-t-il pas porté à devenir plus exigeant encore? De cette manière le colon, qui, dans aucun cas, on le reconnaît, ne sera entièrement indemnisé, serait encore contraint de répandre sur son sol les deux tiers de cette insuffisante indemnité, avec la certitude que cet argent qui lui est donné pour le préserver de sa ruine ne lui rentrerait point !

Que fera le propriétaire (et il y en a un grand nombre dans cette position) dont l'habitation, soit parce qu'elle est située à une certaine hauteur où la température est trop fraîche pour que la végétation de la cánne y donne des produits suffisants dans les nouvelles conditions de travail où il se trouvera, soit parce que son sol usé par une longue culture exige beaucoup d'engrais; que fera, dis-je, le propriétaire qui, par ces motifs ou tous autres, ne pourra offrir aux cultivateurs un prix qui les retienne chez lui et les empêche d'aller là où, à raison de la plus grande fertilité du sol, la même somme de travail leur procurerait ou un lairsae plus élevé ou des parts de produits plus considérables? Obligerez-vous ces propriétaires à une chose impossible ou à rétribuer le travail plus qu'il ne doit rapporter (1)?

Du temps même de l'esclavage, presque tous les habitants de certaines communes de la Martinique, désespérant de cultiver fructueusement leurs terres, *mettaient leurs noirs en journées*, c'est-àdire qu'il les laissaient libres d'aller où ils voudraient, à la charge de payer à leurs maîtres, chaque mois, un loyer ou une redevance en argent; les grandes habitations du Lamentin, notamment, louaient ces esclaves pour aider leurs ateliers ordinaires.

---

(1) C'est un véritable droit au travail qu'on introduirait par là dans la législation coloniale, après l'avoir inflexiblement repoussé pour la France, et on l'introduirait en faveur d'hommes qui sont loin de prendre pour devise, on le sait : *Vive en travaillant.*]

On ne substitue pas à volonté dans nos colonies une culture à une autre, et on n'y connaît de culture susceptible d'être lucrative que celle de la canne. Le caféier n'y exis:era bientôt plus que pour mémoire ; un très petit nombre de plantations lutte encore contre les ravages de l'insecte qui a détruit toutes les autres. Le sort probable de beaucoup de sucreries sera de se convertir, comme cela s'est vu dans les colonies anglaises, en *cattle pens*, en établissements pour l'élève des bestiaux. Dans ce cas, refuserez-vous les deux tiers de l'indemnité à leurs propriétaires ?

Il y a mieux : supposons, contre toute probabilité, que le travail s'établisse immédiatement dans de bonnes conditions, que le salaire n'entre dans le prix de revient que pour une part raisonnable, et que le noir fournisse, en échange de ce salaire, une somme de travail réellement équivalente. Mais ce n'est pas tout, il faut encore qu'après que l'avance de tout ce qui compose ce prix de revient aura été faite, les produits récoltés puissent obtenir leur placement avec un certain excédant qui dédommage le propriétaire de ses peines et lui représente l'intérêt du capital foncier. Or, dans l'état actuel des relations de la France avec ses colonies, lorsque la sucrerie de betterave, dont la production, qui s'accroît plus rapidement chaque année que les besoins de la consommation, tend à expulser le sucre colonial du marché national, est-il présumable que les produits auxquels vous auriez contraint le colon lui procurent cet excédant ? Vous auriez donc gaspillé l'indemnité et ruiné l'agriculture coloniale en voulant la maintenir par un semblable moyen, que réprouvent également et la justice et l'économie politique. Le noir lui-même n'en aurait retiré aucun profit durable, car le colon ruiné, dégoûté, ne tarderait pas à s'enfuir, et, l'élément européen manquant, tout le monde en convient, c'en serait fait de la civilisation dans les colonies.

Vous voudriez que l'indemnité servît à empêcher la ruine des colonies ; vous voudriez que les colons qui ont émigré revinssent dans leurs propriétés, que ceux qui ne sont pas sortis encore n'abandonnassent pas les leurs dès qu'ils auront touché leur portion d'indemnité, qu'ils l'employassent courageusement, au contraire, à développer les ressources naturelles du pays.

Est-il donc besoin pour cela de recourir à la contrainte ? Quelle a été la cause de la fuite d'un certain nombre de familles créoles ?

Est-ce l'émancipation des esclaves en elle-même? Non, certes, car le ministère de la marine peut vous dire combien de passages gratuits il a accordés depuis février à des familles qui retournaient sur leurs habitations. Si l'on a fui son pays, déserté sa propriété, si l'on est allé, sans ressources, demander un asile et du pain à la charité étrangère, croyez-le bien, c'est parce qu'on se sentait abandonné de la main qui devait protéger; c'est parce que, livré à une réaction effrayante, vexé, humilié, on était chaque jour menacé de massacres et d'incendies, qu'on entendait encore retentir à ses oreilles les cris de ces trente-cinq femmes et enfants brûlés vifs sans que l'autorité parût s'en émouvoir; c'est qu'enfin on ne voyait plus de sûreté pour sa vie.

Donnez la sécurité à nos colonies, faites-y régner l'ordre; que, chacun, quelle que soit sa couleur, y puisse exercer en paix son industrie, et vous ne tarderez pas à voir revenir les émigrés. Toutes les lettres qu'on reçoit d'eux manifestent la plus vive impatience à cet égard, ils n'attendent que le rétablissement de l'ordre et de la sécurité. Cette passion du sol natal est si forte chez le créole, qu'on l'a vu jadis rentrer à Saint-Domingue à l'appel de Toussaint Louverture, et s'y remettre avec ardeur à exploiter ses habitations. Une fois revenu sur sa propriété, fiez-vous-en à la sagacité de l'intérêt individuel pour faire de l'argent que l'État lui aura donné l'emploi qui, suivant les circonstances, sera le plus avantageux et à lui-même et à la communauté au sein de laquelle il vivra. Il n'est pas vrai que le colon anglais ait détourné son indemnité de cet emploi. On sait bien, au contraire, que les propriétaires ont fait trop de dépenses pour attirer de préférence chez eux les cultivateurs, qu'ils ont construit à grands frais de véritables maisons, et ont, à l'envi les uns des autres, successivement porté les salaires à des taux fabuleux (1). On sait que c'est là une des principales causes du mauvais succès de l'émancipation anglaise.

QUATRIÈME QUESTION.

Répartition de l'indemnité.

Nous terminerons ces observations par l'examen de la répartition proposée entre les diverses colonies.

(1) Voyez les rapports publiés par ordre du ministre de la marine sur la marche de l'émancipation dans les colonies anglaises.

Nous remercions la commission d'avoir fait droit à notre réclamation en restituant aux Antilles ce qui avait été donné de trop à la Réunion. Elle a reconnu qu'il n'existait pas de raison pour que la valeur du noir fût, en réalité, plus élevée dans cette dernière colonie que dans les autres; mais, cependant, elle n'a pas étendu cette restitution à la rente de deux millions qu'elle propose d'ajouter, et dans l'un comme dans l'autre cas, cependant, le principe doit recevoir son application. Il ne faut pas oublier que, la principale difficulté du régime nouveau étant incontestablement la rareté des travailleurs, et par suite, la cherté de la main-d'œuvre, la Réunion va se trouver dans des conditions bien plus favorables que les Antilles. La proximité des Indes-Orientales lui donne, en effet, la facilité de se procurer autant d'ouvriers indiens, chinois, malais, qu'elle en voudra. C'est ainsi que Maurice (l'Ile-de-France), sa voisine, a presque entièrement renouvelé sa population et doublé sa production. La situation géographique des Antilles ne leur permet pas de puiser à cette source. C'est donc plutôt aux Antilles qu'il conviendrait d'accorder quelque faveur, si on pouvait s'écarter des prescriptions d'une justice rigoureuse.

Telles sont les observations que nous soumettons avec confiance à la sagesse et aux lumières des représentants de la France. Ils leur accorderont toute l'attention que commandent les grands intérêts nationaux qui se rattachent à cette question; mais, indépendamment de ces intérêts matériels, il existe des principes de justice qu'on n'aura jamais en vain invoqués devant eux.

En fixant le chiffre de l'indemnité, ils n'oublieront pas que, mandataires des contribuables qui auront à la payer, ils sont en même temps juges et parties, et qu'il n'est pas de pouvoir auquel les colons puissent appeler de ce qu'ils auront décidé.